Chouette

CE1

7-8 ANS

CYCLE 2

ÉCOLE NOUVEAUX PROGRAMMES PRIMAIRE

Anglais

Corinne Touati
Professeur d'anglais

Écris ton prénom

Hatier

Présentation

La classe de **CE1** est bien souvent pour votre enfant sa toute première année d'apprentissage d'une langue vivante, à l'oral et à l'écrit. Ce cahier, conforme au programme de l'Éducation nationale, va donc l'aider à consolider ses premières notions d'**anglais.**

- Chaque chapitre propose du vocabulaire très simple et quelques notions grammaticales en s'appuyant sur des thématiques du quotidien (l'alimentation, la famille, les animaux, les repas...).
- Les exercices progressifs permettent ensuite à votre enfant de réinvestir ses connaissances, le plus souvent sous forme de jeux.

En anglais, l'adjectif se place avant le nom. Exemple : ***a green poster.***

■ Sur chaque double-page, la rubrique **JE COMPRENDS** donne quelques mots de vocabulaire ou des expressions en lien avec le thème abordé.

■ Les **exercices**, très illustrés, sont proposés avec un niveau de difficulté croissant. Une petite **ASTUCE**, sur fond bleu, donne régulièrement à votre enfant un coup de pouce pour l'aider à résoudre un exercice, ou bien une information culturelle sur les pays anglophones.

■ Au centre du cahier, les **corrigés détachables** permettent de vérifier les réponses. Ensuite, votre enfant pourra cocher à la fin de chaque double-page la case verte s'il l'a très bien réussie, la case orange s'il l'a moyennement réussie ou la case rouge si ses erreurs sont nombreuses. Il peut enfin reporter ce résultat dans le tableau de bord du cahier page 3. Cela vous permettra de distinguer rapidement les notions bien acquises et celles qu'il est encore nécessaire d'approfondir.

■ Sur le site gratuit www.hatier-entrainement.com votre enfant pourra améliorer sa prononciation et enrichir son vocabulaire grâce à des compléments audio en anglais.

■ Sur les dernières pages de ce cahier, votre enfant trouvera un **lexique** et un tableau récapitulant la **prononciation** de quelques mots anglais.

■ Dans ce cahier, certains mots sont écrits selon les prérogatives du Ministère de l'Éducation nationale, recommandant d'appliquer la nouvelle orthographe. Par exemple, le mot « goûter » devra dorénavant s'écrire « gouter », ou encore le mot composé « des après-midi » s'écrira « des après-midis » et en français "week-end" s'écrira "weekend".

Cet ouvrage est conforme à la nouvelle orthographe – www.orthographe-recommandee.info

© Hatier, 8 rue d'Assas, 75006 Paris – 2016 – ISBN : 978-2-218-98991-9
Conception graphique : Frédéric Jély • Édition : Imaginemos/Jean Gomez •
Mise en page : Nadine Aymard • Illustrations : Paul Beaupère • Chouettes : Adrien Siroy.

Achevé d'imprimer chez Loire Offset Titoulet à St Etienne - France
Dépôt légal 98991 9 / 01 - Avril 2016

Imprim'Vert

PAPIER À BASE DE FIBRES CERTIFIÉES

Hatier s'engage pour l'environnement en réduisant l'empreinte carbone de ses livres. Celle de cet exemplaire est de : 250 g éq. CO_2
Rendez-vous sur www.hatier-durable.fr

Ton tableau de bord

Écris la date à laquelle tu as fini chaque chapitre et coche la case ☐ ☐ ☐ qui correspond à ton niveau de réussite aux exercices.

Rendez-vous sur le site
www.hatier-entrainement.com
pour faire le **bilan**
de tes connaissances en **ANGLAIS** !

L'anglais dans le monde

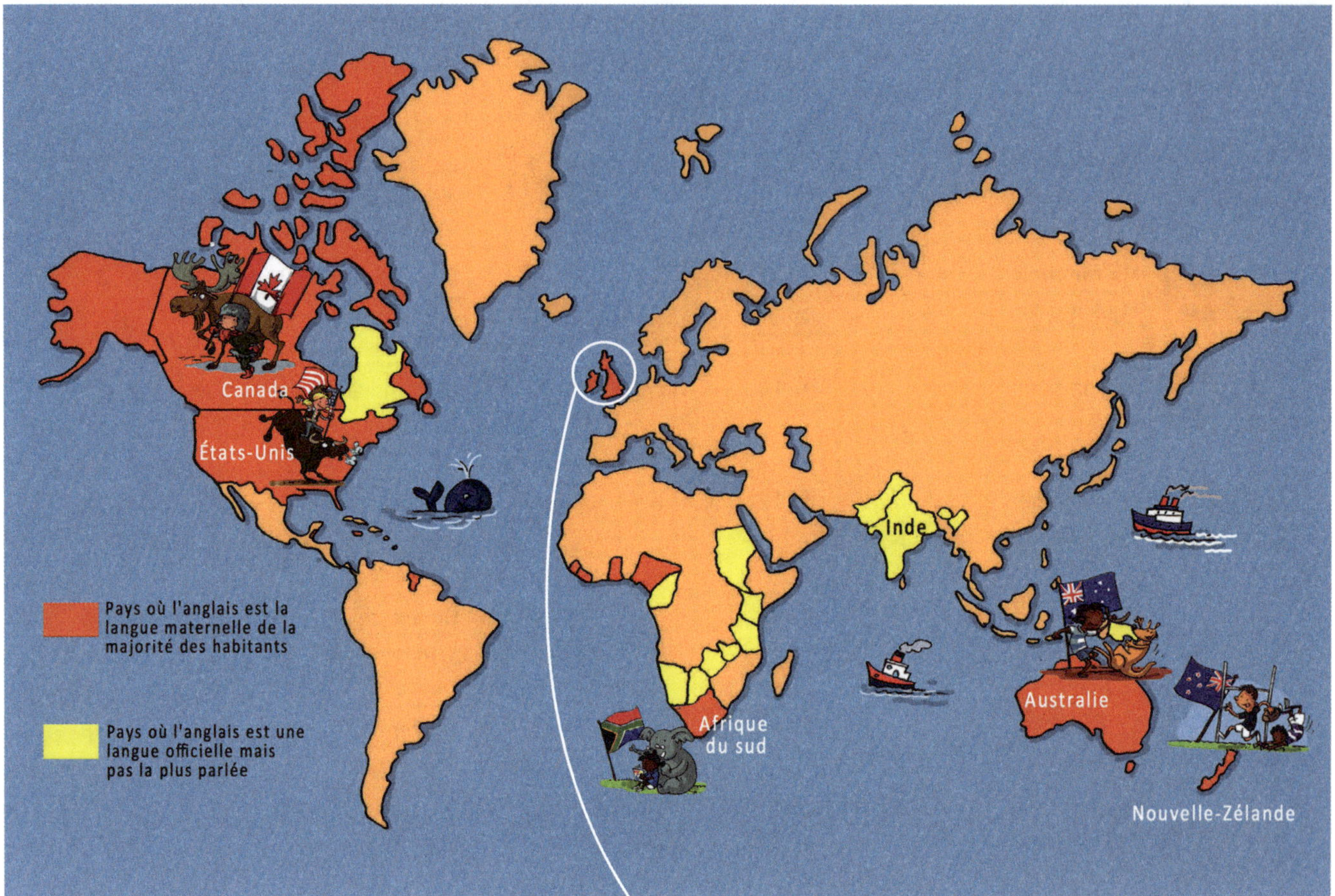

1. Cite deux pays d'Europe où l'on parle anglais.

....

....

2. Dans quels pays du continent américain parle-t-on anglais ?

....

3. Sur quel continent se trouve l'Afrique du Sud ?

....

4. Quelles sont les couleurs du drapeau anglais ?

....

5. Quel animal pourrais-tu rencontrer en Australie ?

....

6. Quel sport pratique-t-on en Nouvelle-Zélande ?

....

Réponses dans le livret page 2

Hello !

Grâce à ce cahier, tu vas jouer avec tes premiers mots d'anglais. Si tu ne comprends pas tout, le lexique de la page 48 t'aidera. Le mémo à la fin du cahier t´expliquera comment bien prononcer les mots.

Prépare ton crayon, ta gomme et tes crayons de couleur !

Amuse-toi bien ! *Have fun!*

■ Chaque chapitre de ce cahier te propose deux pages pour travailler le **vocabulaire** d'un thème bien précis.

■ Lis attentivement le **vocabulaire** de l'encadré jaune avant de commencer les exercices.

I'm cold signifie **j'ai froid**.
I'm hot signifie **j'ai chaud**.

→ Parfois, la chouette te donne une petite astuce ou un conseil pour t'aider à faire les **exercices**, ou bien une information sur les habitudes des pays anglophones.

→ Après avoir regardé le livret des **corrigés**, tu pourras cocher l'une des trois cases situées en bas de la double-page : la case verte si tu as tout bon, la case orange s'il y a 1 ou 2 erreurs et la case rouge s'il y en a davantage. Tu peux ensuite reporter tes résultats sur le **sommaire/ tableau de bord** de la p. 3.

→ Sur les dernières pages du cahier, tu trouveras un **lexique** pour t'aider à comprendre les mots de tous les exercices et un **tableau de prononciation** des mots en anglais. Tu peux les regarder autant de fois que nécessaire.

1 Bonjour ! Good morning!

JE COMPRENDS

Good morning, le matin.

Good afternoon, l'après-midi.

Good evening, le soir.

Good night avant de dormir.

▸ Il existe quatre façons de dire bonjour en anglais selon les moments de la journée.

Salut se dit : **Hello** ou **Hi!** *Au revoir* se dit : **Good bye**.

Hi est assez familier, il se prononce « aï ». ***Good night*** sert aussi à dire **bonne nuit**.

1 **Que dit Andréa à ces heures de la journée pour dire bonjour ? Relie les étiquettes à la bonne horloge.**

Good evening! •

• 

Good night! •

• 

Good morning! •

• 

Good afternoon! •

• 

2 Ces mots ont perdu certaines lettres. Pioche dans le panier pour les compléter et réécris le mot complet.

 □ O □ D □ O R □ □ □ □ ....

 □ F □ E R □ □ □ N ....

 N □ □ H □ ....

 G □ O D □ □ E ....

3 Relie les mots suivants à chaque dessin.

afternoon •	• 
evening •	• 
morning •	• 
night •	• 

Regarde bien la position du soleil avant de répondre.

Corrigés p. 2

....

2 Ma famille. My family.

JE COMPRENDS

Papa se dit ***Daddy*** ou ***Dad***.
Maman se dit ***Mummy*** ou ***Mum***.
Parents ne se prononce pas pareil en anglais et en français mais s'écrit de la même façon.

1 **Cette famille est confortablement installée au salon. Écris dans la case le nom de chacun d'eux : mother, father, brother ou sister.**

....	....	....	....

2 Complète cette grille avec le vocabulaire de la famille que tu viens d'apprendre. Chaque mot te permettra de faire apparaître un mot que tu connais (en bleu dans la grille).

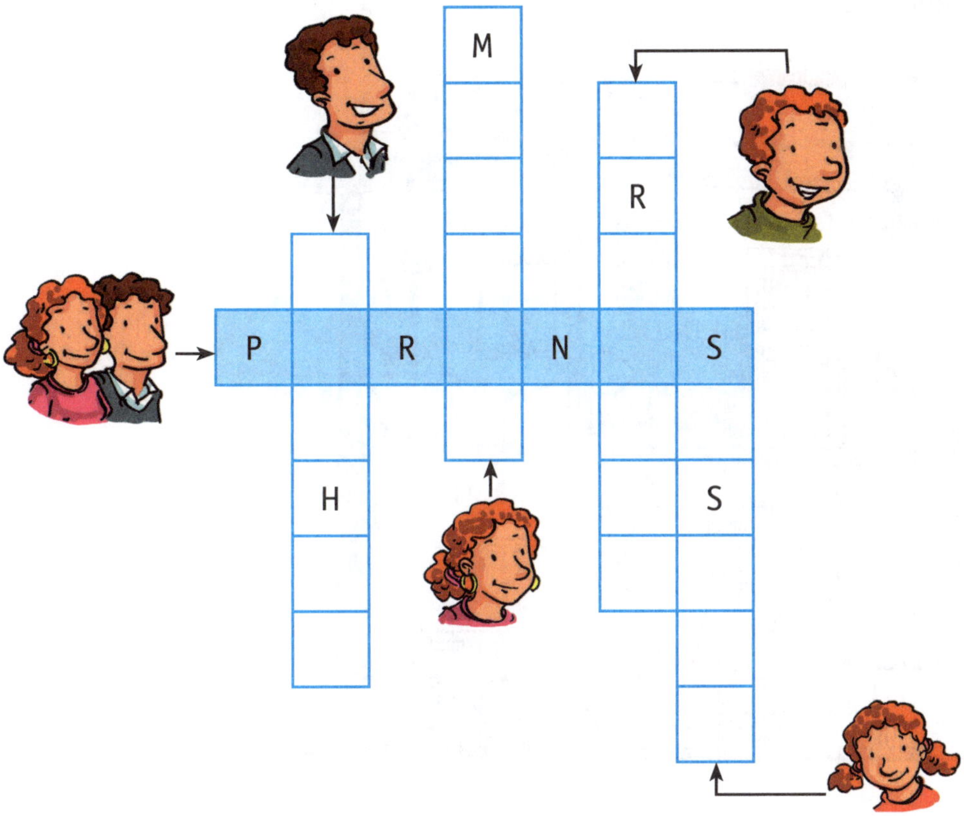

3 Dessine ta famille ou colle une photo. Écris le nom de ton papa, de ta maman et de tes frères et sœurs si tu en as.

This is my family.

Daddy : ....

Mummy : ....

My brother(s) : ....

My sister(s) : ....

My signifie **mon**, **ma**, **mes**.

Corrigés p. 2

....

3 Ma maison. My house.

JE COMPRENDS

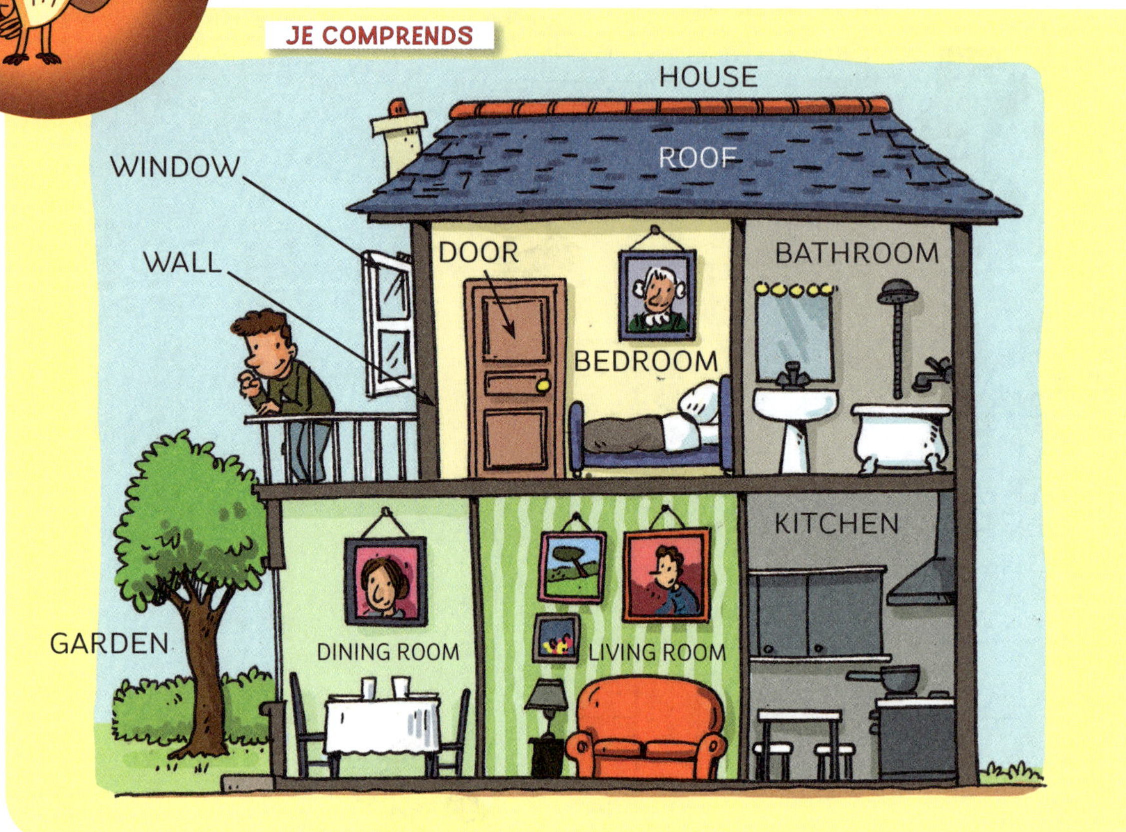

le **i** de ***dining room*** se prononce « aï ».

1 **Dans quelle pièce de la maison peux-tu trouver ces objets ? Entoure la bonne réponse.**

bed		bathroom	bedroom	garden
soap		kitchen	living room	bathroom
sofa		living room	bathroom	kitchen
bench		garden	dining room	bathroom
fridge		bedroom	bathroom	kitchen

Fridge : le mot complet est ***refridgerator***.

2 **Où se trouvent le papa (Daddy), la maman (Mummy) et le petit Léon ? Dessine-les dans la bonne pièce de leur maison.**

Daddy is in the kitchen.

Mummy is in the bathroom.

Léon is in the living room.

In signifie **dans**.

3 **Observe bien ces dessins. Les légendes sont fausses. Remplace les mots barrés par les mots corrects.**

Lucas is in the ~~garden~~ ....

Emma is in the ~~kitchen~~ ....

Romane is in the ~~bathroom~~

....

Raphaël is in the ~~dining room~~

....

Corrigés p. 2

....

4 Les vêtements. Clothes.

JE COMPRENDS

En Écosse, les hommes portent traditionnellement une jupe appelée ***kilt***.

1 **Que portent Paul et Paula ? Relie les noms des vêtements à chacun des enfants.**

dress •

shoes •

t-shirt •

skirt •

jacket •

jeans •

2 Complète cette grille en t'aidant du mot ELEGANT.

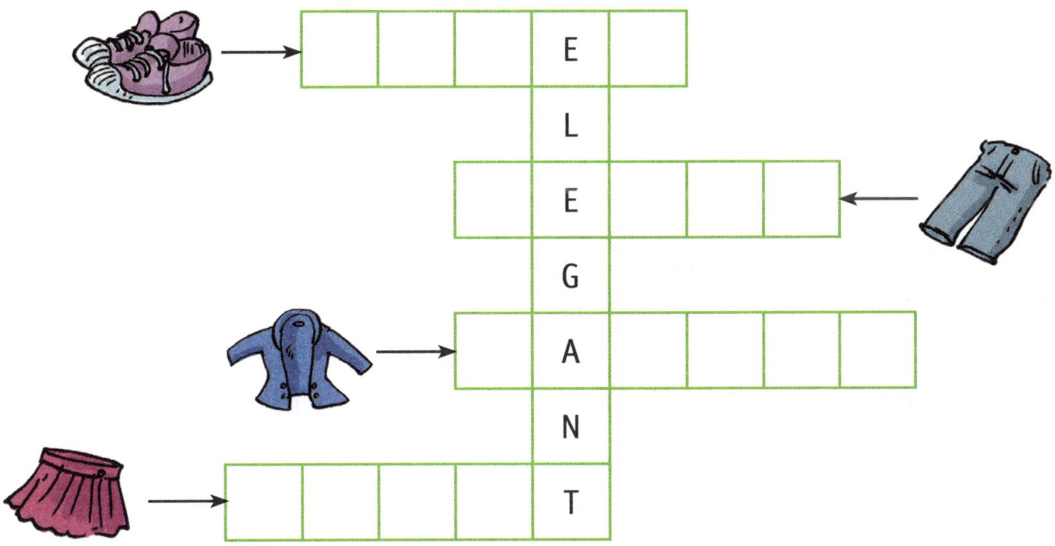

Le mot ***elegant*** a la même signification qu'en français.

3 Johanna est en retard pour aller à l'école. Colorie les étiquettes de ce qu'elle veut porter et relie les vêtements à Johanna.

| skirt | jacket | dress | shoes | t-shirt | jeans |

Corrigés p. 3

....

5 Le visage. The face.

JE COMPRENDS

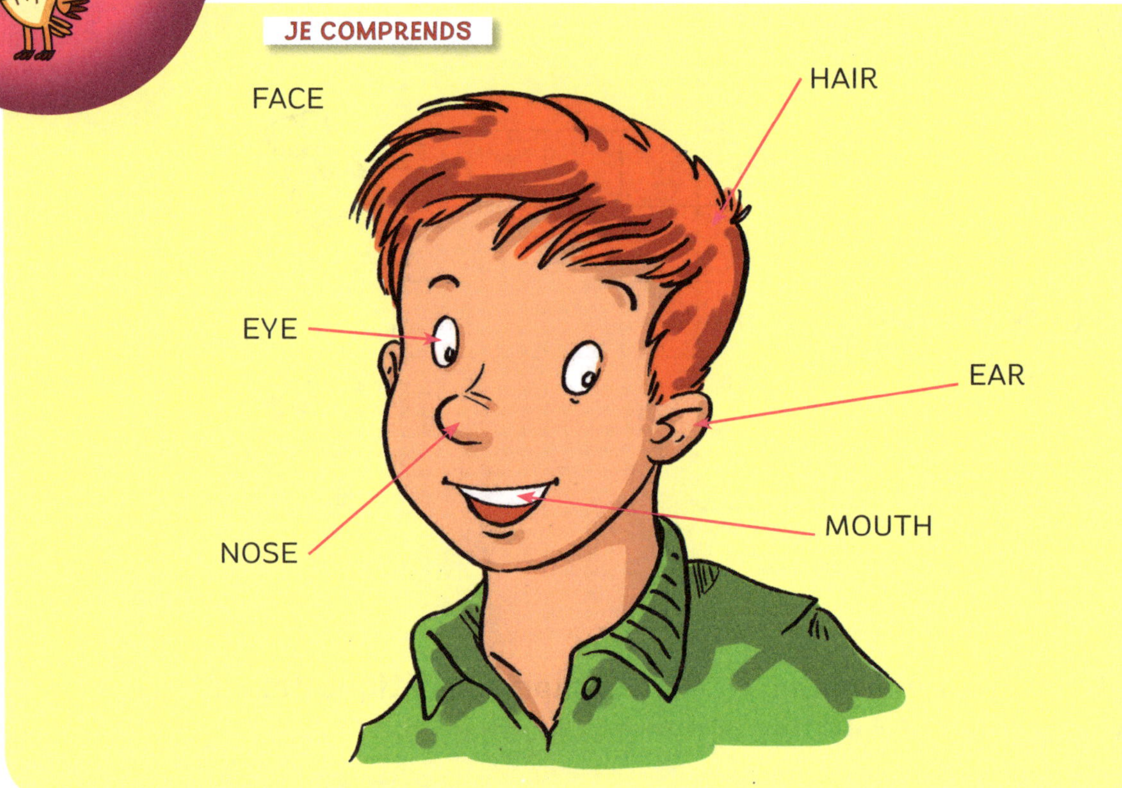

Eye se prononce « aï ».

1 **Écris les mots pour chaque partie du visage.**

2 **Remets les lettres dans le bon ordre pour retrouver des mots du visage.**

ONES : ....

ARHI : ....

TMOHU : ....

ERA : ....

3 **Observe bien cet étrange martien. Dessine les parties du visage qui lui manquent et écris leurs noms.**

....

....

....

Pour traduire visage, tu diras ***face***.

Corrigés p. 3

....

6 Le corps. The body.

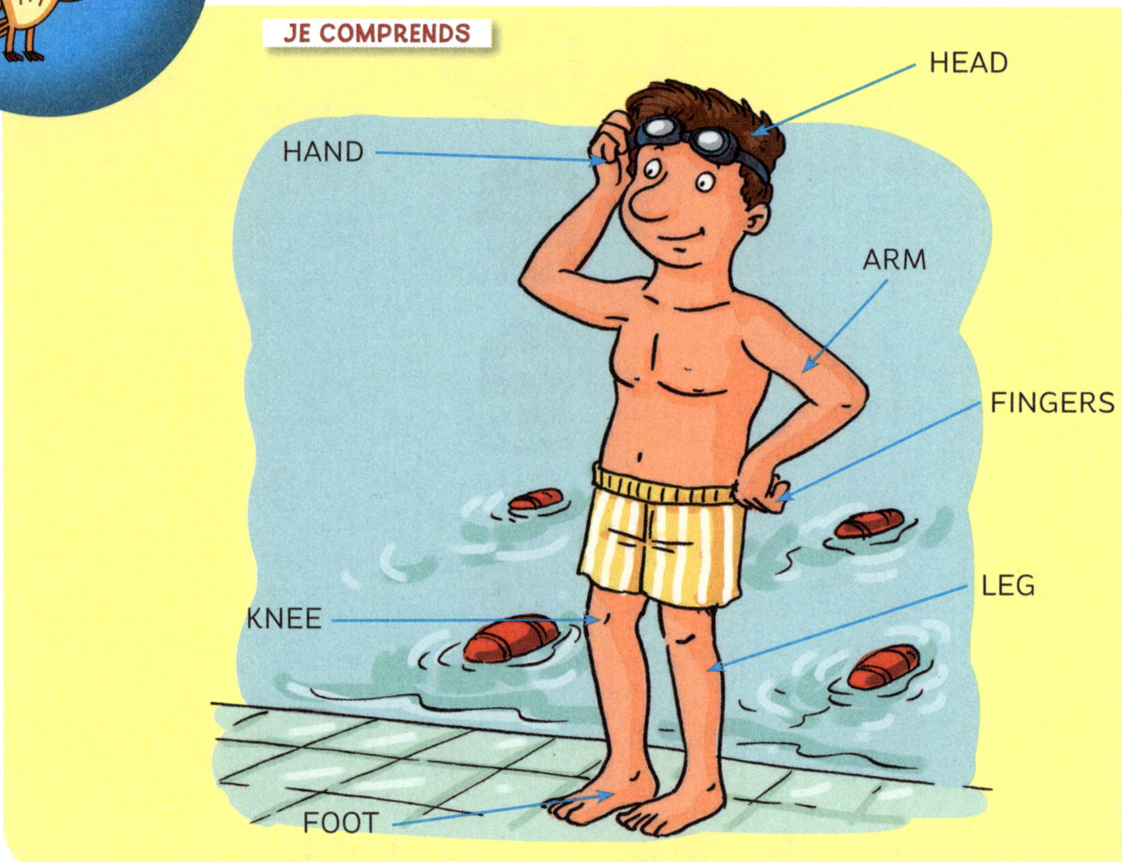

Attention, le **k** de **knee** ne se prononce pas du tout (prononcer « *ni* »).
Le pluriel de **foot** se dit **feet** (prononcer « fit »).

1 **Écris les mots sur chaque partie du corps.**

2 **Dessine un personnage rigolo mais très bizarre comportant :**
2 heads, 4 arms, 12 fingers, 3 legs and 3 feet.

3 **Découvre l'intrus qui s'est caché dans chaque série.**
Entoure-le en vert.

a.  ARM LEG HEAD FINGERS

b. 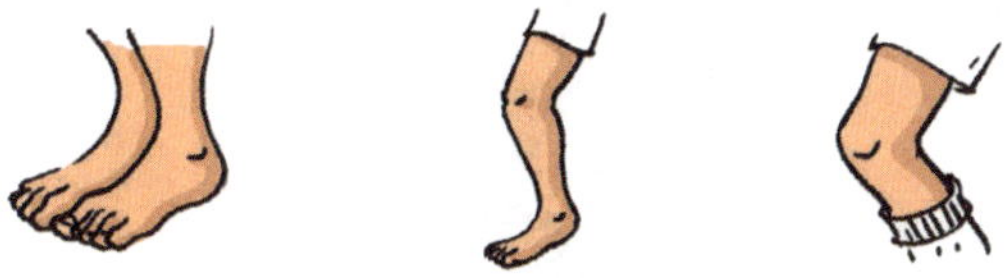 KNEE FEET ARM LEG

c.  FINGERS HAND HEAD ARM

One foot (1 pied),
two feet (2 pieds).

Corrigés p. 3

....

7 Les adjectifs. Adjectives.

JE COMPRENDS

BIG

SMALL

COLD

HOT

L'adjectif ***small*** se prononce comme **football**.

1 Relie chaque phrase à la bonne personne.

I'm cold signifie **j'ai froid**.
I'm hot signifie **j'ai chaud**.

I'm hot. I'm cold. I'm small. I'm big.

2 Relie les étiquettes aux dessins correspondants.

HOT

COLD

3 Coche la bonne réponse.

big ☐ small ☐

big ☐ small ☐

big ☐ small ☐

big ☐ small ☐

big ☐ small ☐

big ☐ small ☐

big ☐ small ☐

big ☐ small ☐

Pense à la vraie taille des objets et animaux avant de faire l'exercice.

Corrigés p. 4

....

8 À l'école. At school.

JE COMPRENDS

À la place de **rubber**, on peut aussi dire ***eraser*** (**gomme**).

1 **Un enfant a oublié ses affaires sur son bureau. Que vois-tu ? Écris le nom de chaque objet et son nombre.**

On the table, I can see :

....

....

....

Les élèves anglais portent généralement un uniforme avec le blason de leur école sur la veste.

2 Dessine dans cette trousse : 2 pens, 3 pencils, 2 rubbers, 1 ruler.

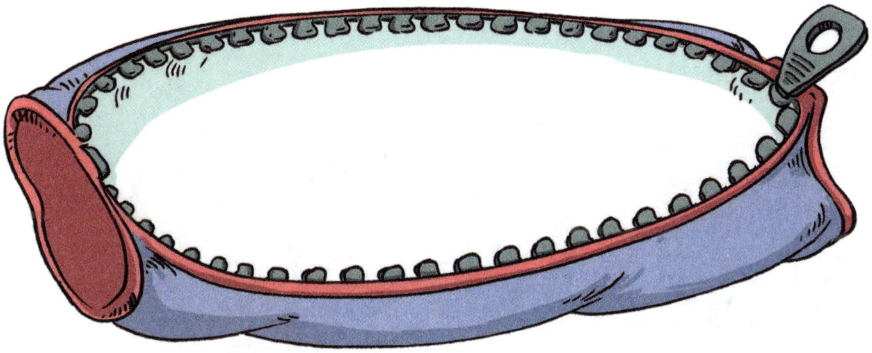

En anglais, les noms au pluriel se terminent par un **s** qui se prononce : ***4 books***.

3 Écris le nom de ces objets. Les lettres trouvées dans les ronds verts te permettront d'écrire le mot « élève » en anglais.

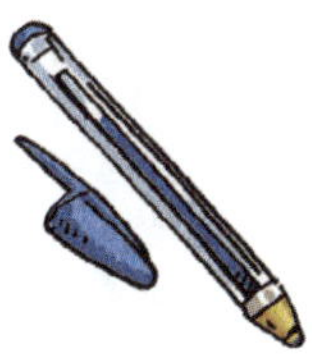

◯ _ _

_ ◯ _ _ _ _

◯ _ _ _ _ _

_ _ _ ◯ _

_ _ ◯ _ _

_ _ _ _ _ signifie **élève** en anglais.

Corrigés p. 4

....

9 Le petit déjeuner. Breakfast.

JE COMPRENDS

Le petit déjeuner est un repas important pour les Anglais. Il comporte des œufs, du bacon, des haricots, des champignons et des tomates frites.

1 **Entoure sur le dessin ce que tu manges (EAT) en rouge et ce que tu bois (DRINK) en vert. Complète le tableau.**

La fourchette se dit ***fork***. **La petite cuillère** se dit ***spoon***.
On boit son lait dans **un bol** (***bowl***) et le jus d'orange dans **un verre** (***glass***).

EAT	DRINK
....	....
....	....
....	....
....	....

2 **Observe bien cette table. Le serveur s'est trompé et a apporté des aliments du déjeuner ou du diner. Entoure seulement ce que Chloé veut prendre au petit déjeuner.**

3 **Sur cette table, dessine ce que tu aimes prendre au petit déjeuner. Puis écris les noms des boissons et des aliments en anglais.**

I like ....

....

....

Corrigés p. 4

....

10 Le déjeuner. Lunch.

JE COMPRENDS

L'assiette se dit ***plate*** et le **verre** ***glass***.

Le pluriel de ***potato*** est ***potatoes***.

1 **Complète cette grille grâce aux dessins.**

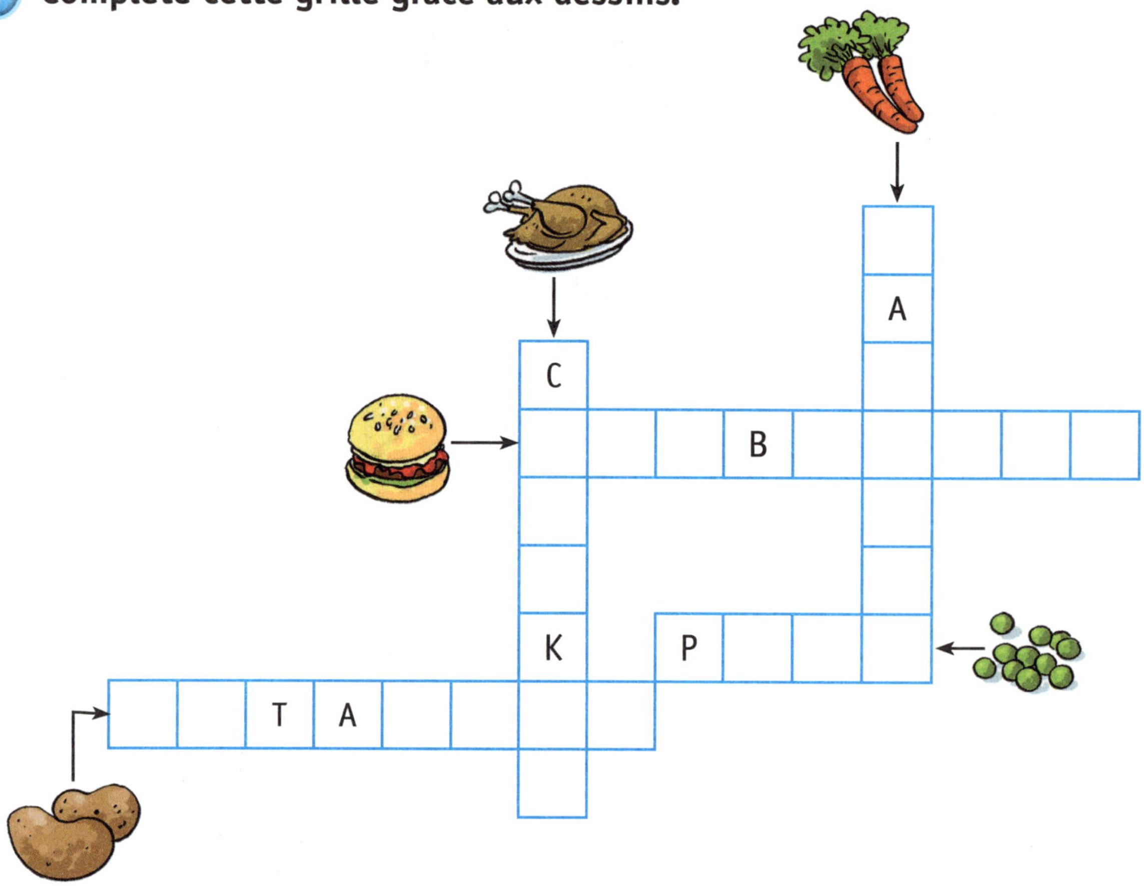

Chouette

CE1

7-8 ANS

CYCLE 2

Les corrigés

Anglais

- **L'apprentissage d'une langue,** étrangère ou régionale, est défini par cinq activités : écouter et comprendre, lire, parler en continu, écrire, réagir et dialoguer. Au cours du cycle 2, votre enfant va acquérir du vocabulaire et parfaire son apprentissage pour atteindre le niveau A1 dans ces cinq activités en fin de cycle 2.
- **Le niveau A1** est le niveau introductif. À ce stade, l'élève est capable d'écouter et de comprendre des mots familiers et des expressions courantes sur son environnement immédiat. Il peut lire et dire de courtes phrases. Il est capable de copier un modèle écrit, de rédiger un message court et de renseigner un questionnaire simple. Il peut aussi communiquer à l'oral, à condition que son interlocuteur soit disposé à répéter ses phrases plus lentement et à l'aider à formuler ce qu'il essaie de dire.

Hatier

L'anglais dans le monde p. 4

1. La Grande-Bretagne et l'Irlande.
2. Les États-Unis et le Canada.
3. L'Afrique.
4. Bleu, blanc et rouge.
5. Le kangourou.
6. Le rugby.

Unité 1 p. 6

1 À 8 h 00 → Good morning!
À 14 h 00 → Good afternoon!
À 18 h 00 → Good evening!
À 21 h 00 → Good night!

2 Good morning – Afternoon – Night – Good bye.

3 Soleil levant → morning
Soleil au zénith → afternoon
Soleil couchant → evening
Lune → night

Unité 2 p. 8

1

SISTER	MOTHER	FATHER	BROTHER

2

			M			
			O		B	
			T		R	
	F		H		O	
P	A	R	E	N	T	S
	T		R		H	I
	H				E	S
	E				R	T
	R					E
						R

Unité 3 p. 10

1 bed → bedroom
soap → bathroom
sofa → living room
bench → garden
fridge → kitchen

2 Il faut dessiner le père dans la cuisine (kitchen), la mère dans la salle de bain (bathroom) et Léon dans le salon (living room).

3 Lucas is in the kitchen.
Emma is in the bathroom.
Romane is in the living room.
Raphaël is in the bedroom.

Unité 4 p. 12

1
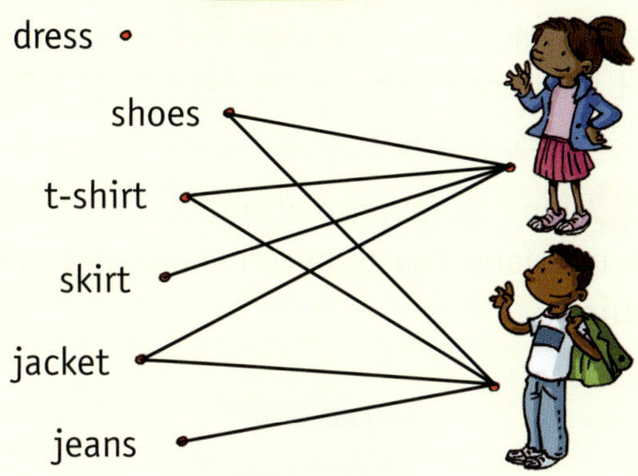

2

	S	H	O	E	S			
				L				
			J	E	A	N	S	
				G				
			J	A	C	K	E	T
				N				
S	K	I	R	T				

3

skirt — jacket — dress
shoes — t-shirt — jeans

Unité 5 p. 14

1

2 NOSE – HAIR – MOUTH - EAR

3 . the nose
. one ear
. one eye
. the mouth

Unité 6 p. 16

1
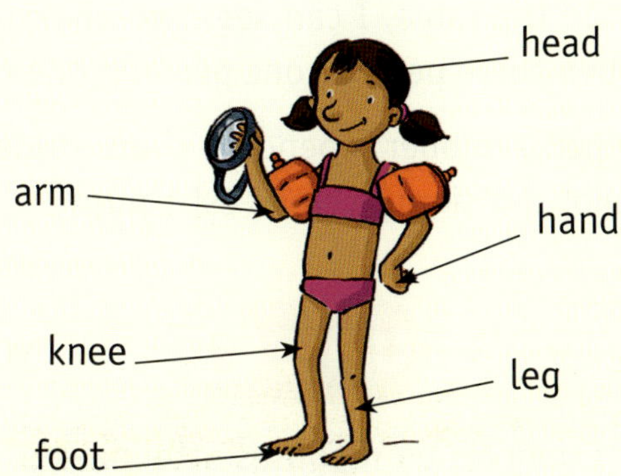

3 a. fingers
b. arm
c. hand

Unité 7 p. 18

1

I'm big. I'm small. I'm cold. I'm hot.

2 Thé chaud et allumettes → hot
Glace et frigo → cold

3 hélicoptère → big
maison → big
papillon → small
souris → small
dé → small
camion → big
rhinocéros → big
hérisson → small

Unité 8 p. 20

1 On the table, I can see two books, one rubber, three pencils, one pen and one case.

3 pen – rubber – pencil – chair – ruler
Le mot qui signifie élève est : **pupil**.

Unité 9 p. 22

1 Exemples de réponses attendues :

EAT	**DRINK**
toast jam butter cereals	milk tea orange juice

2 Pour le petit déjeuner, Chloé veut prendre : milk, tea, toast, butter, cereals and jam.
Il faut donc entourer le beurre, le lait, les céréales, le toast, la confiture et le thé.

3 Type de réponse attendue :
I like jam, toast, butter, milk and orange juice.

Unité 10 p. 24

1

											C			
											A			
						C					R			
						H	A	M	B	U	R	G	E	R
						I					O			
						C					T			
						K		P	E	A	S			
P	O	T	A	T	O	E	S							
						N								

2 POTA → TOES
CHIC → KEN
HAM → BURGER
CAR → ROTS

3 L'assiette est celle de James.

Unité 11 p. 26

1 milk – coffee – chocolate – tea – water - orange.

2 Il manque : milk.

3 Joachim → eau
Romane → jus d'orange
Marcus → thé

Unité 12 p. 28

1

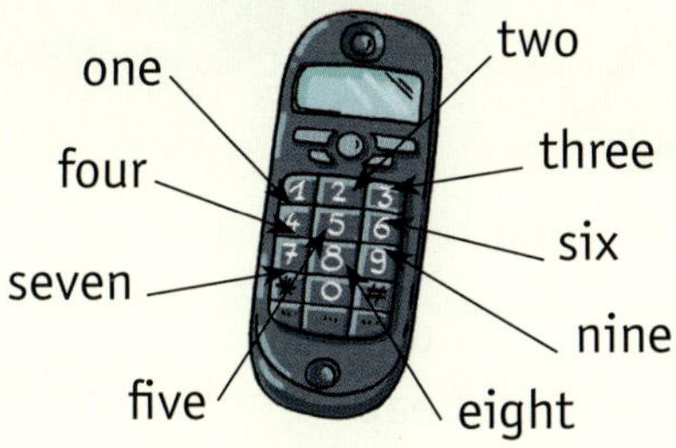

2 three doors – ten windows – three houses - one bike

3 1 pencil + 2 rubbers = **three**
4 dogs + 3 cats = **seven**
1 chair + 1 table = **two**
5 oranges + 5 apples = **ten**
6 cakes + 2 chocolates = **eight**
3 fishes + 1 fish bowl = **four**

Unité 13 p. 30

1 R E D
BLUE
GREEN
PINK

2

3 Lit en rouge
Sac en bleu
Poster en vert
Balle en rose
Orange en orange

Unité 14 p. 32

1 CAT – DOG – TORTOISE - BIRD

2 cat
dog
bird
tortoise
hamster

3 Le fil vert.

Unité 15 p. 34

1

cow
horse
chicken
duck

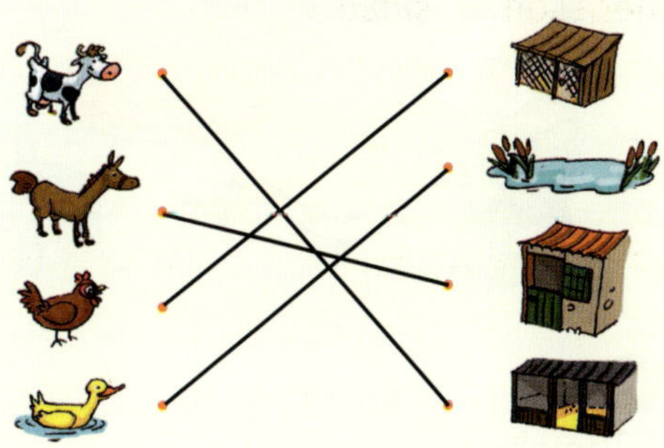

2 Duck/horse/cow/cow/pig/pig/pig/chicken/horse/duck/pig/duck/chicken/cow/duck/pig/horse/chicken/cow

Nom d'animaux	Nombre d'animaux	
horse	3	three
cow	4	four
pig	5	five
chicken	3	three
duck	4	four

3

They are three.

Unité 16 p. 36

1

2 ☒ in the castle
☒ in the tree
☒ on the horse

3 The bag is • → • on the table.
The book is • → • on the chair.
The girl is • → • in the table.

Unité 17 p. 38

1

run – play – eat – drink

2 boire → ☒ drink
manger → ☒ eat
jouer → ☒ play
courir → ☒ run

3

D	P	E	A	T
R	L	R	S	Q
I	A	R	U	N
N	Y	O	M	V
K	N	O	S	F

Unité 18 p. 40

1 I've got a cat. I have got a brother.
I've got a bedroom. I have got a red dress.

2

Unité 19 p. 42

1 1 - 2 - 3 - **4** - 5 - 6 - 7 triangles
1 - 2 - 3 - **4** - 5 - 6 - 7 circles
1 - 2 - 3 - 4 - **5** - 6 - 7 squares
1 - 2 - 3 - 4 - 5 - 6 - **7** rectangles

2

TRIANGLE RECTANGLE SQUARE CIRCLE

Unité 20 p. 44

1

I	F	C	E	Z	S	A	Q
W	X	**G**	**R**	**A**	**S**	**S**	I
T	**R**	**A**	**C**	**T**	**O**	**R**	J
B	B	**S**	Z	R	S	A	**T**
I	S	**U**	K	D	R	G	**R**
R	M	**N**	M	A	Z	N	**E**
D	**F**	**L**	**O**	**W**	**E**	**R**	**E**

2

grass sun flowers tractor bird

3 Il faut dessiner un oiseau bleu, un tracteur rouge, de l'herbe verte et des fleurs roses.

Unité 21 p. 46

1

2

3 ROGREC : GROCER
TROCOD : DOCTOR
KABER : BAKER
CHUTBER : BUTCHER
MPOILEACN : POLICEMAN

2 **Relie entre elles les étiquettes pour former des noms d'aliments que tu manges au déjeuner.**

POTA •	• ROTS
CHIC •	• TOES
HAM •	• KEN
CAR •	• BURGER

3 **À qui appartient cette assiette appétissante ? Relie-la à la bonne personne.**

Allison : carrots/ chicken/ potatoes

James : potatoes/ chicken/ peas

Déjeuner se dit ***have lunch*** en anglais. Attention ! **Carrot** s'écrit avec deux **r** en anglais.

Corrigés p. 4

....

11 Les boissons. Drinks.

JE COMPRENDS

Attention à l'orthographe de **coffee** !

1 **Ces mots ont perdu leurs voyelles. Complète-les avec les bonnes lettres.**

M — L K

C — F F — —

C H — C — L — T —

T — —

W — T — R

— R — N G —

Toutes les lettres manquantes sont des voyelles.

2 Raphaël a-t-il tout mis dans son panier ? Vérifie avec sa liste de courses, écris en anglais ce qui manque et dessine-le dans le panier.

Il manque : ....

3 Relie Joachim, Romane et Marcus à ce que chacun souhaite boire.

I like signifie **j'aime**.

Corrigés p. 4-5

....

12 Les nombres. Numbers.

JE COMPRENDS

ONE		**TWO**	
THREE		**FOUR**	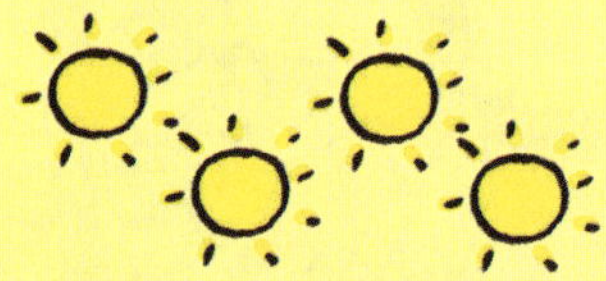
FIVE		**SIX**	
SEVEN		**EIGHT**	
NINE		**TEN**	

Le **i** de ***five*** et de ***nine*** se prononce "aï".

1 **Écris en toutes lettres les nombres de ce téléphone.**

……………………

……………………

……………………

……………………

……………………

……………………

……………………

……………………

……………………

……………………

2 **Que vois-tu ? Indique le nombre en toutes lettres comme dans l'exemple donné.**

Exemple : one dog.

.... doors .... windows

.... houses .... bike

Les **s** de **doors** et de **windows** se prononcent « z ».

3 **À toi de compter à présent ! Donne le résultat de ces additions en toutes lettres.**

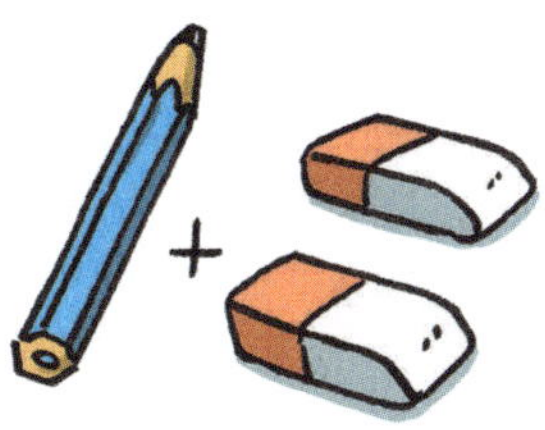 = ...

 = ...

 = ...

 = ...

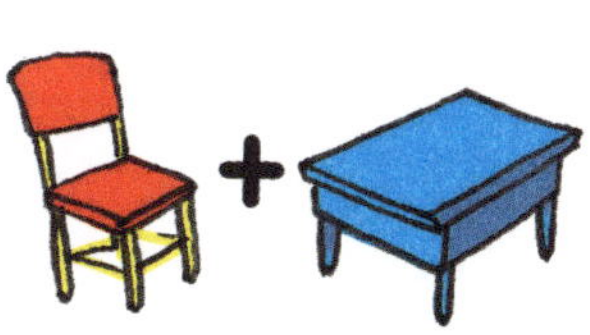 = ...

 = ...

Corrigés p. 5

....

13 Les couleurs. Colours.

JE COMPRENDS

BLUE

RED

PINK

GREEN

ORANGE

Blue se prononce *« blou »*.
Green se prononce *« grine »*.

1 Colorie chaque mot avec la bonne couleur.

RED

BLUE

GREEN

PINK

2 Colorie cette palette de peintre en utilisant la bonne couleur.

3 Colorie certains objets de cette chambre comme indiqué.

En anglais, l'adjectif se place avant le nom. Exemple : ***a green poster***.

a red bed

a blue bag

a green poster

the pink ball

an orange orange

Corrigés p. 5

....

14 Les animaux domestiques. Pets.

JE COMPRENDS

Bird se prononce « beurde ».
Tortoise est une **tortue de terre**, **la tortue de mer** se dit ***turtle***.

1 Les lettres de ces noms d'animaux se sont emmêlées. Remets-les dans l'ordre et relie chaque mot au dessin qui lui correspond.

TAC → .... •

GOD → .... •

SOITORET → .... •

DRIB → .... •

2 Retrouve les animaux domestiques qui se sont perdus dans la forêt. Entoure-les sur le dessin et écris leur nom.

....

....

3 Quel fil Lucas doit-il tirer pour récupérer son chien ?

Le poisson se dit ***fish***. Le ***goldfish*** est **le poisson rouge** qui vit dans un aquarium.

Corrigés p. 5

....

15 Les animaux de la ferme
Farm animals.

JE COMPRENDS

1 **Les animaux de la ferme se sont perdus. Écris leur nom et relie-les à leur habitat.**

....  • • 

....  • • 

....  • • 

....  • • 

2 **Ce serpent a avalé les noms des animaux de la ferme. Sépare-les et compte-les. Écris leur nom et leur nombre en toutes lettres dans le tableau.**

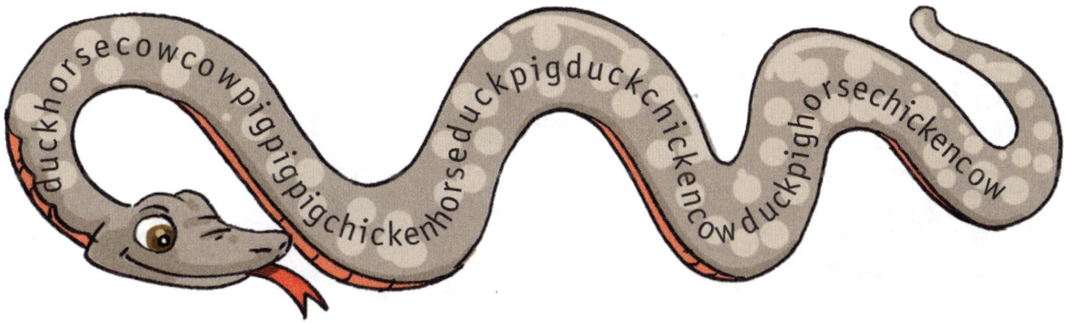

Nom d'animaux	Nombre d'animaux

3 **Des intrus se cachent dans cette ferme. Entoure-les en rouge puis écris leur nombre en anglais.**

They are ....

Ferme se dit ***farm*** en anglais.

Corrigés p. 5-6

....

16 Où est-ce ? Where is it?

JE COMPRENDS

On
The bird is **on** the box.

In
The dog is **in** the box.

The signifie **le**, **la**, **les**.

1 **Suis les instructions et dessine 3 ballons aux endroits indiqués.**

- on the chair
- in the bag
- on the bed

2 Où se trouvent les chevaliers ? Coche les bonnes réponses.

Castle signifie **château**, ***roof*** signifie **toit**, **arbre** se dit ***tree*** et **forêt** se dit ***forest***.

- ◯ in the castle
- ◯ on the roof
- ◯ in the tree
- ◯ on the horse
- ◯ in the river
- ◯ in the forest

3 Observe bien cette salle de classe puis relie les deux parties de phrase.

The bag is •	• on the table.
The book is •	• on the chair.
The girl is •	• in the table.

Corrigés p. 6

....

17 Quelques verbes. Some verbs.

JE COMPRENDS

Eat

Drink

Run

Play

Les enfants anglais aiment jouer au cricket, les enfants américains préfèrent le baseball.

1 Que font ces enfants ? Écris les verbes sous chaque personnage.

....

2 Observe bien ces dessins. Coche le bon verbe.

- ◯ run
- ◯ drink

- ◯ play
- ◯ eat

- ◯ play
- ◯ run

- ◯ eat
- ◯ run

La boisson préférée des Anglais est le **thé** (*tea*).

3 Trouve les quatre verbes que tu viens d'apprendre dans cette grille.

D	P	E	A	T
R	L	R	S	Q
I	A	R	U	N
N	Y	O	M	V
K	N	O	S	F

Corrigés p. 6

....

18 J'ai, je possède. I have got.

JE COMPRENDS

Pour dire ce que tu possèdes, tu dois utiliser ***have*** suivi de ***got***.

I have got peut également se dire et s'écrire ***I've got***.

1 **Emma dit ce qu'elle possède. Regarde ces dessins et remplis les bulles.**

a signifie **un**, **une**, et se prononce « e ».

.... a bedroom.

I've .... a cat.

I have .... a red ....

I .... a ....

2 Qui parle ? Relie chaque phrase au bon enfant.

3 Écris ce que tu possèdes : des animaux domestiques (cat, dog, bird), un ou des frères (brothers), une ou des sœurs (sisters)...

I've got ....

....

....

....

Hat signifie **chapeau** en français.

Les Anglais aiment énormément les animaux domestiques (***pets***), surtout les chiens (***dogs***).

Corrigés p. 6

....

19 Les formes. Shapes.

JE COMPRENDS

circle rectangle triangle square

Le **i** de ***triangle*** se prononce « aï ».

1 **De quelles formes ce drôle de personnage est-il constitué ? Écris leurs noms en anglais et entoure leurs nombres.**

N'oublie pas : si tu trouves plusieurs formes identiques, il faut mettre un **s** à la fin du nom.

1 2 3 4 5 6 7 ....

1 2 3 4 5 6 7 ....

1 2 3 4 5 6 7 ....

1 2 3 4 5 6 7 ....

2 Relie chaque objet à sa forme.

TRIANGLE • RECTANGLE • SQUARE • CIRCLE

Observe bien la forme de la frite et du morceau de chocolat.

3 Dessine une maison avec les formes suivantes : 2 rectangles, 1 circle, 2 squares, 1 triangle.

Corrigés p. 7

....

20 À la campagne. In the country.

JE COMPRENDS

1 Six mots de cette leçon sont cachés dans la grille. Entoure-les et écris-les.

I	F	C	E	Z	S	A	Q
W	X	G	R	A	S	S	I
T	R	A	C	T	O	R	J
B	B	S	Z	R	S	A	T
I	S	U	K	D	R	G	R
R	M	N	M	A	Z	N	E
D	F	L	O	W	E	R	E

....

....

....

....

....

....

Cherche les mots écrits horizontalement et verticalement.

2 Relie chaque mot au dessin correspondant.

grass sun flowers tractor bird

3 Révise les couleurs (page 30) et dessine ce qui est demandé.

a blue bird a red tractor the green grass pink flowers

N'oublie pas que les adjectifs se placent avant le nom en anglais.

Corrigés p. 7

....

21 Les métiers. Jobs.

JE COMPRENDS

Le pluriel de **policeman** est **policemen**.

1 **Qui vend quoi ? Relie chaque personnage aux produits qu'il vend dans son magasin.**

2 **Relie chaque objet à son propriétaire.**

3 **Les lettres se sont emmêlées. Remets-les dans le bon ordre pour découvrir cinq métiers.**

ROGREC : ....

TROCOD : ....

KABER : ....

CHUTBER : ....

MPOILEACN : ....

Observe bien le nom des métiers et leur orthographe avant de faire l'exercice !

Corrigés p. 7

....

Lexique

A

apple juice .... jus de pomme
arm .... bras

B

bag .... sac
baker .... boulanger
bathroom .... salle de bain
bed .... lit
bedroom .... chambre
big .... grand(e)
bike .... vélo
bird .... oiseau
blue .... bleu
body .... corps
book .... livre
brother .... frère
butcher .... boucher
butter .... beurre

C

carrot .... carotte
castle .... château
cat .... chat
cereals .... céréales
chair .... chaise
chicken .... poulet
chocolate .... chocolat
circle .... cercle
clothes .... vêtements
coffee .... café
cold .... froid(e)
copy book .... cahier
country .... campagne
cow .... vache

D

daddy .... papa
dining room .... salle à manger
doctor .... médecin
dog .... chien
door .... porte
dress .... robe
drink .... boire, boisson
duck .... canard

E

ear .... oreille
eat .... manger
eight .... huit
eye .... œil

F

face .... visage
farm .... ferme
father .... père
feet .... pieds
finger .... doigt
five .... cinq
flower .... fleur
foot .... pied
forest .... forêt
four .... quatre

G

garden .... jardin
goldfish .... poisson rouge
good afternoon .... bon après-midi
good bye .... au revoir
good evening .... bonsoir
good morning .... bonjour
good night .... bonne nuit
grass .... herbe, gazon
green .... vert
grocer .... épicier

H

hair .... cheveux
hamster .... hamster
hand .... main
head .... tête
hello .... salut
horse .... cheval
hot .... chaud(e)
house .... maison

I

in .... dans

J

jacket .... veste
jam .... confiture
jeans .... jeans

K

kitchen .... cuisine
knee .... genou

L

leg .... jambe
living room .... salon
lunch .... déjeuner

M

milk .... lait
mother .... mère
mouth .... bouche
mummy .... maman

N

nine .... neuf
nose .... nez

O

on .... sur
one .... un
orange .... orange
orange juice .... jus d'orange

P

peas .... petits pois
pen .... stylo
pencil .... crayon
pencil case .... trousse
pig .... cochon
pink .... rose
play .... jouer
policeman .... policier
potato .... pomme de terre

R

rectangle .... rectangle
red .... rouge
roof .... toit
room .... pièce
rubber .... gomme
ruler .... règle
run .... courir

S

seven .... sept
shape .... forme
shoe .... chaussure
sister .... sœur
six .... six
skirt .... jupe
small .... petit(e)
square .... carré
sun .... soleil

T

tea .... thé
teacher .... professeur
ten .... dix
three .... trois
toast .... toast
tortoise .... tortue (de terre)
tractor .... tracteur
tree .... arbre
triangle .... triangle
t-shirt .... tee-shirt
turtle .... tortue (de mer)
two .... deux

W

wall .... mur
water .... eau
window .... fenêtre